Réponse

À

M. DE LAMENNAIS,

SUR

L'ESCLAVAGE MODERNE

ET

LE SUFFRAGE UNIVERSEL,

PAR

Adolphe ARCHIER,

AVOCAT.

À Paris:

Chez ADRIEN LECLERC et Comp. rue Cassette, 29;

Chez GAUME Fres, Libraires, rue du Pot-de-Fer-Saint-Sulpice, 5;

À Rouen:

Chez FLEURY, Libraire, rue de l'Hôpital

1839.

RÉPONSE

A

M. DE LAMENNAIS,

SUR

L'ESCLAVAGE MODERNE.

Réponse

A

M. DE LAMENNAIS,

SUR

L'ESCLAVAGE MODERNE

ET

LE SUFFRAGE UNIVERSEL,

PAR

Adolphe ARCHIER,

AVOCAT.

A Paris:

Chez ADRIEN LECLERC et Comp. rue Cassette, 29;
Chez GAUME Frès, Libraires, rue du Pot-de-Fer-Saint-Sulpice, 5;

A Rouen:

Chez FLEURY, Libraire, rue de l'Hôpital.

1839.

Rouen, Imprimerie de A. Surville.

RÉPONSE

A

M. DE LAMENNAIS,

SUR

L'ESCLAVAGE MODERNE.

I

Il y a dans la vie des peuples de ces moments critiques et décisifs, où chacun prend les armes pour repousser l'ennemi ; les vieillards, les femmes et les enfants même se mêlent aux combattants. Notre époque a vu de ces moments. Au jour où nous vivons, nous sommes témoins d'une guerre plus dangereuse que la guerre des épées :

des systèmes, des opinions dont les conséquences sont san-
glantes, sont développés et soutenus par quelques grands
esprits fourvoyés. Chaque brochure de M. de Lamennais par
exemple, nous vaut un essai pratique de ses brûlantes
théories; et tandis que le philosophe déclame dans son
cabinet, l'émeute armée court les rues et décime la cité.
Donc, le péril est grand, et si petit que nous soyons,
quelque humble que soit notre nom auprès du nom tris-
tement populaire de Lamennais, nous nous levons pour
nous défendre; d'ailleurs ici, qu'importe le renom litté-
raire, il s'agit de la vérité, toute bouche est bonne pour
la dire.

Dans une brochure nouvelle, sur l'esclavage moderne,
M. de Lamennais soutient cette thèse : que le peuple aujourd'hui est plus esclave que l'esclave romain, qui n'était
pas une créature, mais *une chose* pour son maître. Certes
voici du nouveau! Or s'écrie M. de Lamennais après dix-
huit siècles de christianisme et de civilisation c'est une chose
infâme! J'en demeurerais d'accord avec lui s'il me le
prouvait.

Mais il faut le dire et bien haut: jamais mensonge plus
odieux fut présenté et soutenu en métaphores plus ridicules
et plus fausses; mensonge odieux, car il viole l'histoire,

c'est-à-dire la vérité; mensonge odieux car il est fait à dessein, sachant bien à qui il s'adresse, mensonge odieux, parce qu'il tend à bouleverser le pays; et avant de combattre une à une les assertions qui appuient ce mensonge, il n'y a pas un homme consciencieux, quelqu'il soit, savant ou ignorant, qui ne sente instinctivement que c'est là une de ces déclamations fanatiques et passionnées, propre seulement à aveugler la populace dans la rue, comme ces fortes boissons qui l'enivrent au cabaret.

Nous aussi, nous voudrions le bonheur du peuple, car pour un catholique, le pauvre couvert de haillons est un frère! Mais nos moyens d'améliorer son sort sont bien différents! vous répétez au peuple qu'il est souverain : et vous ne faites que l'énorgueillir, le flatter et exciter sa convoitise pour les attributs trop réels de sa royauté imaginaire; or, que l'on soit flatteur du peuple ou du roi l'office est tout aussi bas! Il serait plus utile de lui répéter : que la vérité émanée de Dieu est seule souveraine dans le monde, et que tous lui doivent obéissance, peuples et rois, riches et pauvres!

« Considérez dit **M.** de Lamennais les rapports des hommes entr'eux, rapports individuels, civils, politiques, dans touts, le peuple est traité en esclave ! »

Reprenons : « dans les rapports individuels, d'homme à homme, le peuple qui travaille de ses mains, est l'esclave du capitaliste pour lequel il travaille. Comme chez les romains, le peuple travaille toujours pour subvenir aux besoins du riche. »

Si c'est là ce qui vous irrite M. de Lamennais, votre colère durera long-temps, toute votre vie ; car le peuple, c'est-à-dire celui qui n'a pas de fortune, travaillera toujours pour en acquérir ; c'est le seul moyen que je sache et je vous prie d'en enseigner un autre si vous le connaissez. Faut-il ajouter, non pas pour vous car vous le savez mieux que moi, faut-il ajouter qu'à la différence des temps anciens, le travailleur aujourd'hui travaille pour lui ; que ses sueurs le nourissent et l'enrichissent ; que nous voyons une foule de gens dont la fortune est plus haute que l'éducation ; que le prolétaire qui vit au jour le jour d'un article de journal, se réveille un beau matin, Ministre dans un splendide hôtel.

Vous ajoutez cependant : « que le travail est nécessaire, mais que le riche tyrannise l'ouvrier en lui donnant le salaire qu'il veut, qu'à la vérité l'ouvrier est libre de ne pas travailler, mais qu'alors il ne lui reste qu'à mourir de faim ! Tandis que le riche a toujours le temps d'attendre. »

En vérité, on est honteux de suivre de tels raisonne-
ments : mais descendons de la hauteur des phrases La-
mennaisiennes et voyons les faits : Le salaire est fixé par
l'usage, fixé sur les besoins de l'ouvrier, fixé souvent,
très-souvent par l'ouvrier, excepté dans quelques circons-
tances malheureuses où une crise commerciale fait baisser
le salaire, crise plus funeste encore pour le propriétaire de
l'atelier. Dans la plupart des entreprises, le capitaliste n'a
pas affaire aux ouvriers : l'architecte, l'entrepreneur, le
menuisier, le plâtrier, le charpentier, tous prolétaires,
fixent les prix et le propriétaire les subit. Mais, dites-vous,
si le prix ne convient pas au propriétaire, il peut attendre
et l'ouvrier meurt de faim en attendant : pure phrase! Si
l'argent du propriétaire est nécessaire à l'ouvrier, le travail de l'ouvrier est indispensable au propriétaire; un homme,
si riche qu'il soit, aura toujours un impérieux besoin de
l'ouvrier sans lequel il ne peut vivre; qui lui bâtira une
demeure si ce n'est un maçon? qui lui donnera un vête-
ment si ce n'est un tailleur? qui lui fournira du pain, si
ce n'est un boulanger? qui fera sa richesse en un mot si
ce n'est le cultivateur qui labourera sa terre? toutes ces
relations sont nécessaires; il n'y a pas là d'esclavage, les
besoins sont réciproques, c'est-là l'harmonie de la société.

Ajoutez que l'ouvrier d'aujourd'hui sera le riche du lendemain; il se fait dans tous les rangs de la société un déplacement continuel, la roue tourne et le riche travaille à son tour.

Mais M. Lamennais tient à son idée, il veut absolument voir et trouver des esclaves parmi nous : « ce qui le prouve encore , c'est que dans le langage vulgaire l'on dit: *le maître et l'ouvrier!* »

Certes, l'argument est merveilleux! Seulement il a le malheur d'être absolument faux; car dans le langage vulgaire un ouvrier n'appelle *son maître* que son chef d'atelier, celui qu'il reconnaît plus habile dans sa profession, et nullement le propriétaire, de la gaucherie duquel il rit souvent. Ainsi, ce mot de maître qui humilie le farouche orgueil de M. Lamennais, bien loin d'être le titre privilégié du riche , n'est que la juste qualification de l'ouvrier établi. Il faut avoir une soif d'égalité bien véhémente pour forcer et dénaturer si gauchement le sens des mots!

« Aussi ajoute-t-il, je ne m'étonne plus si quelques uns regrettent l'esclavage antique! »

Qui celà ? Où avez-vous entendu ces regrets ? ne serait-ce pas encore une de ces phrases gonflées et ballonées que vide une piqûre d'épingle? Car je n'entends au contraire que des réclamations sans nombre pour détruire ces restes d'esclavage qui souillent nos colonies? Ah! nouveau Don-Quichotte vous vous battez contre des moulins! ou plutôt, philosophe subtil, vous inventez des difficultés, pour vous poser en libérateur, en les réfutant ; facile victoire!

Donc, dans ses rapports domestiques, individuels, économiques, le peuple n'est pas esclave; car il n'y a esclavage que là où la sueur de l'homme n'a d'autre valeur que celle d'une bête de somme; que là où le travail ne tourne pas au profit du travailleur; que là où le mérite est nul s'il n'est pas noble; que là enfin, où une loi vous interdit de sortir de la place où vous êtes né et vous ordonne d'y mourir !

II

Examinons maintenant le peuple dans ses droits civils.

« Les impôts ne pèsent que sur le peuple » dit M. Lamennais. Et les propriétaires ne sont pas imposés n'est-

ce pas? Et les propriétés ne le sont pas? Les droits d'enregistrement pour les achats et les ventes, les droits de
mutation , de donation, droits si énormes, sur qui pèsent·
ils donc? Et mille autres. Ce n'est pas une plainte, car il
est juste que celui qui a plus donne plus , et que chacun
contribue aux charges en proportion de ses ressources.
Mais il est souverainement injuste de déguiser la vérité ,
de tronquer les faits , pour calomnier plus à l'aise. Souffrez·
donc que l'on secoue la poudre de votre style, qu'on ana-
lyse vos nuageuses paroles afin que l'on juge sur des faits
et non sur des figures.

« Sur le moindre indice, le   pauvre est emprisonné.
« Une émeute vient-elle à éclater, ou une émeute préparée
« par la police, on arrache l'ouvrier de son atelier, on
« le jette en prison. »

En vérité nous demandons pardon au lecteur, mais nous
en sommes réduit encore à dire, que M. Lamennais n'ignore
pas l'exagération et la fausseté de toutes ses paroles, il est
trop habile pour être si aveugle, mais calomniez, calomniez dit
Basile, il en reste toujours quelque chose. Non, on n'arrache
pas l'ouvrier de son atelier ni le père de famille du milieu
de ses enfants, sur un indice ou sur un prétexte ; on n'arrête
que l'ouvrier débauché dont les blasphèmes et les violences

salissent même la boue, on ne jette en prison que le furieux qui court les rues le fusil sur l'épaule! oh oui, apitoyez-vous sur ces malheureux qui ont ensanglanté nos villes, apitoyez-vous sur les ténèbres de leurs cachots, tandis que le citoyen tombé pour la défense de l'ordre et de la loi n'aura que vos mépris : et puis ajoutez comme vous le faites que ce sont des émeutes de commande, quand le pavé est rouge encore, quand les murs sont encore troués sous les balles; nous les plaindrons avec vous ces infortunés victimes de leur aveuglement, car ils sont victimes de vos rêveries.

« Les frais de justice interdisent au peuple l'abord des
« tribunaux, les frais de succession mangent son héritage;
« enfin si le pauvre demande l'aumône il est écroué ! »

Voici donc une nouvelle preuve de l'asservissement du peuple. M. Lamennais est malheureux il faut en convenir. car s'il est vrai que les frais de justice soient considérables, s'il est vrai que les droits de succession soient énormes, cela n'est justement pas vrai en général, pour le peuple ! et ces impôts portent spécialement sur le riche. La loi, dans sa sollicitude pour les classes pauvres, a créé des tribunaux où les contestations sont jugées immédiatement et sans frais. Les juges-de-paix, les prud'hommes, n'ont d'autre but que d'éviter aux ouvriers, aux gens pauvres, les lenteurs et les dépenses, en partie inévitables des autres tribunaux. Une loi nouvelle du 25 Mai 1838, étend encore la compétence des juges-de-paix : les procès entre les locataires et les propriétaires quand les loyers n'excèdent pas 400 f. à Paris, 200 f. en province, les réclamations des gens à gages, des ouvriers, des cultivateurs pour leur salaire, les demandes en pension alimentaire jusqu'à 150 f. par an, etc., etc., toutes les contestations en général qui peuvent intéresser l'homme pauvre ressortent du juge-de-paix ; et si par exception quelque grande affaire l'amène devant un tribunal de 1ère instance ou une cour, sachez M. Lamennais, que sur une demande adressée à la chambre des avoués de Paris (et la province imite cet exemple) on se charge de suivre l'affaire sans frais ; quant aux avocats vous n'ignorez pas que c'est un devoir pour eux d'assister gratuitement, généreusement l'infortune.

Et quant à ces héritages que dévore le fisc ; ou la succession est riche ou elle est pauvre ; si elle est riche les droits d'enregistrement ne pèsent que sur le riche, si elle est pauvre les droits sont presque nuls.

C'est donc une calomnie de dire que le pauvre ne peut se faire rendre justice sans se ruiner ; et cette calomnie est un crime de lèze-nation, car elle n'a d'autre but que de semer la haine et la jalousie dans les classes ouvrières , c'est-à-dire la guerre civile, c'est-à-dire le pire des maux.

Reste le pauvre mendiant qu'on emprisonne ! Dans l'in- l'intérêt de qui? Dans l'intérêt de la société victime du va- gabondage , dans l'intérêt du pauvre lui-même qui, s'il n'est que malheureux, trouve toujours avantage à paraître devant les magistrats. Si c'est un enfant, on lui fait ap- prendre un métier, si c'est une pauvre femme ou un vieil- lard leur misère sera secourue et abritée, le coupable seul sera puni.

« Le Christ aurait été parmi nous écroué pour vaga- bondage : car le fils de l'homme n'avait pas une pierre pour y reposer sa tête! »

Vous, citer le Christ M. Lamennais? Maintenant!... Ah! Vous avez su autrefois qu'il n'était venu sur la terre que pour donner l'exemple de la douceur, de la résigna- tion, de la charité, de l'humilité, de la vérité! vous ne faites que semblant de l'oublier! Vous devriez au moins choisir un autre exemple , plus favorable à vos déclama- tions et moins accablant pour vous!

Il résulte donc de tout ce qui précède que le peuple n'est pas plus esclave dans la vie civile, que dans la vie privée, et que M. Lamennais n'a créé qu'un fantôme chimérique, qu'il montre au peuple pour le lancer dans l'arène du désordre, comme on montre aux bêtes féroces un voile couleur de sang, mais qui n'est que teint, pour les rendre furieuses.

III

Passons aux rapports et aux droits politiques :

« Le peuple est souverain dit M. Lamennais, et comme tel il faut qu'il jouisse des droits du Souverain ! »

Non, le peuple n'est pas souverain et il ne peut pas l'être ! Le peuple n'est pas souverain, car il ne doit y avoir de souverain absolu dans le monde que celui-là seul qui peut nous montrer la vérité absolue. Or de qui émane la vérité, la loi morale en vertu de laquelle on a droit de gouverner le monde ? Est-ce du peuple ou de Dieu ! Elle n'émane pas du peuple car le peuple est une multitude d'hommes qui a été créée comme tout ce qui l'entoure car le peuple c'est l'homme et la vérité vient de plus de haut. La vérité émane donc de Dieu! Qui a tout créé esprit et matière. De quel droit le peuple serait il donc souverain? Serait-ce par le droit de la force? Ces mots hurlent ensemble, la force n'est point un droit; ce serait d'ailleurs légitimer toutes les tyrannies car le peuple n'est pas toujours le plus fort. Donc le peuple n'est pas souverain. J'ajoute qu'il ne peut pas l'être : car, puisque la souveraineté, en principe, appartient à Dieu qui est un, sa manifestation sur la terre doit être une; or le peuple est une multitude, et par là même n'est pas apte à exercer la souveraineté. Est-ce à dire pour cela que le peuple sera l'esclave d'un seul, soumis à toutes les capricieuses volontés d'un seul? Non pas. J'ai dit que la vérité seule émanée de Dieu était souveraine, celui donc, quelqu'il soit, que la providence appellera à représenter la vérité, chez un peuple quelconque, celui-là ne sera le légitime représentant de Dieu qu'à la condition de garder intact, pur et sans tâche le trésor de la vérité remis en ses mains. Mais s'il la dénature et la viole cette verité, qui le jugera? Qui? Lisez l'histoire, depuis l'origine du monde, comptez si vous le pouvez, les empires détruits, les pouvoirs renversés, les peuples renouvelés, et dites si vous l'osez, que la providence est une puissance inerte, dont les jugements demeurent sans exécution.

« Peuple, peuple, réveille-toi enfin! Esclaves, levez-vous, rompez vos fers,.... si vous ne voulez pas que vos enfants dans les fers disent un jour : nos pères ont été plus lâches que les esclaves romains. Parmi eux il ne s'est pas rencontré *un Spartacus!*

Taisez-vous, M. Lamennais! Nos enfants ne seront pas plus esclaves que nous et ils ne sauront que trop combien en France nous avons eu de Fieschi!

« On a proclamé au nom du souverain auteur des choses, du père qui embrasse tous ses enfants dans un même amour, l'égalité, la liberté, la fraternité humaine et l'iné-galité est partout! »

Ah! Si vous n'aviez pas renié la religion de vos pères, si le célèbre auteur de l'indifférence en matière de religion, n'avait pas embourbé sa plume dans la vase des passions humaines, si le prêtre de Dieu, l'homme du Ciel, n'avait pas concentré, borné, attaché ses espérances sur une terre qui n'est qu'un passage, il comprendrait cette égalité, cette liberté, cette fraternité proclamée au nom du souverain auteur des choses!

Vous faites un crime à l'homme de l'inégalité qui règne dans les relations humaines! Pourquoi n'accusez-vous pas la providence aussi ? Car elle a mis l'inégalité partout : Il y a inégalité dans les forces physiques, inégalité dans les avantages extérieurs, inégalité dans les richesses de l'esprit, inégalité dans les maladies du corps, inégalité dans la durée des existences, et il y aura inégalité dans l'immortalité de l'autre vie ! Esclaves levons-nous, il est temps de réformer Dieu lui-même ! Soyez logique et dites-le donc !

« Mais par quels moyens le peuple arrivera-t-il à l'exercice de sa souveraineté? Il ne le peut par l'instruction le temps lui manque; l'association lui est défendue; il ne lui reste que l'élection, le suffrage universel, par ce moyen il pourra faire sa volonté, détruire les abus, exercer sa souveraineté. »

Comment vous dites que le peuple n'a pas le temps de s'instruire, et vous voulez qu'il s'érige eu magistrat, en législateur! Et remarquez, que **M.** Lamennais ne veut pas seulement qu'il nomme le député de son choix, car à la rigueur et à défaut d'instruction, il pourrait lui supposer l'instinct nécessaire pour choisir celui qui défendrait le mieux ses intérêts; **M.** Lamennais va plus loin, *le peuple*, dit-il. *imposera ses volontés à ses députés, leur dictera leur conduite, leur prescrira de rédiger les lois qu'il juge lui être conve-*

nables, ce peuple qui n'a pas le temps de s'instruire comme on le dit, ce peuple sera économiste, financier, jurisconsulte, versé dans les sciences militaires, diplomatiques, industrielles ! *Et si le député ne se conforme pas à la volonté du peuple, son vote, ses actes seront radicalement nuls !* tout ceci est textuel, c'est incroyable !

IV

Arrêtons-nous ici ; nous avons suivi pas à pas, une à une, toutes les déclamations, toutes les exagérations humanitaires de M. Lamennais : il nous a suffi de les dégager de la poudre et du clinquant du style, pour qu'elles apparussent dans toute leur pauvreté, pour qu'elles se réduisissent d'elles-mêmes, comme toutes les calomnies dévoilées : l'esclavage, grâce à Dieu, n'existe plus en France, et il faut être un étrange pourfendeur d'abus, pour soutenir aujourd'hui que l'esclavage existe parmi nous comme il existait à Rome sous la république et l'empire : il faut, coûte que coûte à la logique, au bon sens, à la bonne foi, à la vérité, dénaturer les faits, changer leurs conséquences, pour ne trouver partout que l'empreinte de la tyrannie ; il faut avoir une soif bien ardente de désordre.

d'anarchie, de révolution pour oser tenir au peuple un tel langage ! Il faut enfin compter ou sur une ignorance bien profonde ou sur des passions bien désordonnées pour faire publiquement cette injure à notre pays.

Je ne veux pas prétendre que tout soit pour le mieux dans le meilleur des mondes; je n'ignore pas que bien des abus règnent encore, que bien des améliorations sont possibles; mais je sais aussi, qu'il y aura toujours quelque chose à désirer sur la terre ; que la perfection en quoi que ce soit y est impossible; et que le bonheur, pour les peuples comme pour l'individu , ne s'y rencontre pas. Donc, faire appel au peuple au nom d'une félicité chimérique, d'une souveraineté ridicule c'est le tromper; car tant que le monde sera monde, l'homme, fils d'Adam, s'attristera sur la terre et les nations se tourmenteront dans leur voie.

Oui, j'en conviens, un grand malaise agite et dévore sourdement la société, mais cette esclavage que vous combattez si charitablement n'en est point la cause : la cause en est ailleurs et elle est évidente pour tous les esprits calmes et droits : la cause? C'est cette licence absolue et dépravée qui règne dans tous les esprits, que vous entretenez avec tant de complaisance, et que vous confondez misérablement, avec cette liberté juste et sage qui se règle et se limite d'elle-même; avec cette liberté, don de Dieu, pure comme sa source, inoculée dans notre ame avec son immortalité, pour la même fin!

Il ne s'agit pas de flatter ici, peuple ou roi, riche ou pauvre! Regardez la société d'un œil calme et sincère voici ce que vous y verrez : l'enfant rit du vieillard et le vieillard fait le jeune homme; le maître ne croit à rien et l'élève renchérit sur la présomption du maître; le fils est dur pour la famille et serviteur déloyal du pays; le riche vit dans l'égoïsme sans amour pour le pauvre; le pauvre s'abrutit dans la débauche et dans le vin et les hôpitaux sont trop étroits; les théâtres sont des écoles ou d'immoralité charmante ou d'infamie grossière; la littérature et les écrivains vivent toujours, dans le même monde romanesque et impossible ou dans un dégoutant terre à terre; et les journaux aujourd'hui rivalisant avec les romans et les théâtres, ont intronisé les passions adultères dans le feuilleton.

Ne semble-t-il pas qu'on voit sur une mer orageuse un vaisseau qui dérive et flotte à tous les vents : holà! crie le capitaine, hissez les voiles! Parbleu disent les matelots en

fumant, chantant ou buvant sur le pont, le capitaine
nous ennuie terriblement. C'est toujours lui qui commande dit l'un : sommes-nous forcés d'obéir dit l'autre?
Le navire fait eau, crie un mousse! Foin! c'est un mousse!

Ainsi vont les choses, nul ne le conteste, quelques uns
s'en applaudissent, tous en souffrent! Sont-ce là les fruits
de l'esclavage ou d'une licence sans borne?

Il y a donc un autre langage, plus juste, plus sage, et
surtout plus utile à tenir au peuple : vos droits électoraux,
votre suffrage universel ne le rendront ni plus riche, ni
ni plus moral. Il serait plus juste, de lui faire connaître les
bienfaits que les lois du pays lui assurent, au lieu de les
calomnier; il serait plus sage de lui faire comprendre toute
la noblesse et toute la dignité du travail, plutôt que de
lui en faire un joug odieux; il serait plus utile de l'instruire et de le moraliser que de lui prêcher le désordre
et une licencieuse liberté!

*Le peuple n'a ni le temps ni les moyens de s'instruire
prétend M. Lamennais!* Ah! courtisan populaire, vous
l'excusez bien complaisamment! Le peuple n'a pas le temps,
comptons ensemble je suis moins indulgent : si un ouvrier,
employait à lire, à étudier, à s'instruire, la moitié du

temps qu'il perd dans les cabarets le dimanche, le lundi, les soirées, il lui resterait bien peu de chose à apprendre, surtout de vous M. Lamennais. *Le peuple n'a pas les moyens?* Voyons un peu : il y a des écoles partout, écoles primaires, écoles chrétiennes, écoles d'adultes, cours gratuits, d'agriculture, d'économie, de chimie, de dessin linéaire, de géométrie, de musique même, cours de toute sorte, pour tous les âges, pour toutes les professions; et les jours et les heures sont choisis pour être surtout accessibles et commodes aux classes ouvrières! Et l'on travaille tous les jours encore, pour universaliser, s'il est possible, toutes les sciences et tous les arts! Pouvez-vous dire consciencieusement et de bonne foi que le peuple n'a ni le temps, ni les moyens de s'instruire.

S'instruire est une noble tâche, mais se rendre digne de l'instruction par la morale est une tâche plus noble encore! Hélas! voyez le peuple, une multitude d'ouvriers! que font-ils le dimanche et le lundi dans ces hideuses demeures du vice et de la débauche? Venez avec moi, ô mon poète politique, écartez un moment vos nuageuses imaginations à l'endroit de ce peuple idéal que vous rêvez, entrons et regardons : Ils vident leur bourse, ils ruinent leur santé, ils affament et dépravent leurs malheureuses familles! Le peuple est misérable disiez-vous tout à l'heure, son travail est toujours infructueux? à qui la faute? au capitaliste qui lui refuse son salaire ou à l'ouvrier qui l'enfouit dans la boue et le dissout dans le vin?

Il y a cependant cinquante-deux dimanches dans l'année, si au lieu de dissiper follement le salaire du samedi et souvent plus encore, l'ouvrier se reposait avec dignité, en élevant son ame reconnaissante au souverain auteur de toute chose, il y gagnerait : l'affermissement de sa santé, son salaire du samedi à 2 francs par jour 104 francs dans l'année. Il y a cinquante-deux lundis : si ce jour là, l'ouvrier se rendait assidûment à son travail, il y gagnerait encore 2 francs de plus par jour, 104 francs encore dans l'année. Ainsi il pourrait faire face à une crise commerciale, à un manque de travail; une semaine sans ouvrage ne le tuerait pas; l'hôpital ne serait pas sa seule ressource dans une maladie; sa famille, une femme, ne seraient pas victimes de ses brutales débauches, il y gagnerait en outre la dignité de son ame, il ennoblirait son existence, rabaisserait le niveau social qui s'élève entre lui et l'homme riche, et réaliserait autant qu'il est donné à l'homme cette égalité morale, seule possible en ce monde.

Voilà le langage qu'il faut tenir au peuple, à tous ! *La liberté ne manque pas à la France, mais c'est nous, disait Mirabeau, qui ne sommes pas dignes de la liberté!*

Cessons donc de déclamer toujours et sans cesse contre nos lois, contre nos institutions; comme des enfants dénaturés, n'accusons pas la fortune de notre siècle; et au lieu de demander sans mesure et sans fin et des lois nouvelles et des hommes nouveaux et des choses impossibles, songeons à tirer profit de ce que nous avons, à fertiliser par le travail, l'ordre et la morale religieuse, les grands et salutaires principes que la providence a fait luire à nos yeux.

Que de nations dans le monde, qui ne jouissent d'aucune liberté, ni dans leurs biens, ni dans leurs lois, ni même dans leur religion, les yeux tournés vers nous, et nous voyant agités sans cesse, quoique si richement dotés, se demandent avec effroi : ce que nous voulons, ce qu'il faut pour nous satisfaire? et reculent, peut-être volontairement, épouvantées qu'elles sont de notre exemple, dans la voie de la civilisation !

Notre tâche est terminée, notre devoir accompli: puissent nos paroles dictées par un ardent amour de la vérité, amoindrir en quelque degré l'effet des paroles trop injustes et trop imprudentes tout éloquentes qu'elles sont, de M. Lamennais ! Puisse le peuple comprendre surtout, où sont ses meilleurs amis, ses premiers, ses plus chers intérêts ! Si quelque amertume s'est glissée dans notre langage, que M. Lamennais nous le pardonne, la vérité a souvent le front sévère.